本冊 Lesson 1 の英文をもう一度読んで，次の活動に取り組みましょう。

Words and Phrases 英文中に出てきた語句・表現について，それぞれ左側の空所には英語を，右側の空所には日本語の意味を書き入れましょう。

1. _____ 形 [A1] 暇な
2. _____ 形 [A2] 次の
3. Why don't we ～? _____
4. see a movie _____
5. Sounds good. _____

6. _____ 名 [A1] 役
7. _____ 形 [A1] すばらしい
8. _____ 名 [A1] 俳優
9. _____ 動 [A1] 始まる
10. main 形 [B1] _____

Questions 次の問いに英語で答えましょう。

1. Does Emma know a lot about the movie "The Pianist From New York"?

_____

2. Who does Martin Hanks play in the movie?

_____

3. Where will Emma go to meet you?

_____

JN102711

Express Yourself あなたは映画館のチケット売り場で自分とエマのチケットを購入します。映画館スタッフとの会話の流れに合うように，下線部に英語を書きましょう。

You: Excuse me. Can I ① _____ tickets for "The Pianist From New York" here?

Staff member: Sure. How many tickets would you like to buy?

You: ② _____, please.

Staff member: OK. One ticket costs $9. So it'll be $18, please.

You: OK. ③ _____

Staff member: Thank you very much. Here's your change. Enjoy the movie!

You: ④ _____ Bye.

HINTS チケットを買うときに，必要な数を正確に伝えましょう。お金を支払うときには「どうぞ。」と言ったり，相手の気遣いに対して「ありがとう。」と言うようにしましょう。

Helpful Expressions Can I buy [get] ...?「…を買うことができますか。」   Here you are.「どうぞ。」

Lesson 2

本冊 Lesson 2 の英文をもう一度読んで，次の活動に取り組みましょう。

Words and Phrases　英文中に出てきた語句・表現について，それぞれ左側の空所には英語を，右側の空所には日本語の意味を書き入れましょう。

1. _____ 副 [A1] 本当に
2. _____ 副 [A1] いつも
3. _____ 形 [A1] お気に入りの
4. printed book _____
5. _____ 名 [A2] 意見

6. agree with ... _____
7. hundreds of ... _____
8. be able to ～ _____
9. it is said that ... _____
10. for a long time _____

Questions　次の問いに英語で答えましょう。

1. Which does Tim like better, e-books or printed books?

2. Is Chloe's opinion very different from Tim's about e-books?

3. Why does Takashi like printed books better than e-books?

Express Yourself　あなたは紙の本 (printed books) を支持する立場で，自分の意見を投稿します。紙の本の長所をひとつ挙げて，英文を完成させましょう。

In my opinion, printed books are better than e-books because _____

HINTS　電子書籍と比較して，紙の本だからできることを考えてみましょう。例えば，「電池なしで読める」や「友だちに貸すことができる」などが考えられます。

Helpful Expressions　without batteries「電池なしで」
lend A to B「AをBに貸す」

本冊 Lesson 3 の英文をもう一度読んで，次の活動に取り組みましょう。

Words and Phrases 英文中に出てきた語句・表現について，それぞれ左側の空所には英語を，右側の空所には日本語の意味を書き入れましょう。

1. be going to ～ _____
2. _____ 图 [A1] セール，特売
3. _____ 形 [A2] 新鮮な
4. _____ 形 [A1] 特別な
5. _____ 图 [A1] 価格

6. forget to ～ _____
7. for free _____
8. _____ 前 [A2] …の間に
9. _____ 图 [A1] 情報
10. _____ 動 [A1] …を訪れる

Questions 次の問いに英語で答えましょう。

1. What is the name of the shop?

_____

2. When will the sale end?

_____

3. Will drinks be on sale?

_____

Express Yourself 友達にこのセールのことを伝えるメールを書いてみましょう。

From:	_____
To:	_____
Subject:	A sale at Simon's Sandwich Shop

Hello, _____ !

Have you heard that Simon's Sandwich Shop is going to have a sale?　Every package of sandwiches will be only $2 each!

_____

_____

This is a good chance, isn't it?　The sale will start on May 26 and end on June 1.
Your friend,

_____

HINTS　おまけがもらえることやドリンクもセールになることを伝えるとよいでしょう。また，From の欄とメールの最後に自分の名前を，To の欄に友達の名前を書きましょう。

本冊 Lesson 4 の英文をもう一度読んで，次の活動に取り組みましょう。

Words and Phrases

英文中に出てきた語句・表現について，それぞれ左側の空所には英語を，右側の空所には日本語の意味を書き入れましょう。

1. _____ 名 [A1] 新聞
2. one of ... _____
3. _____ 名 [A2] 大学
4. _____ 名 [A1] コンテスト
5. look for ... _____

6. want to ～ _____
7. be interested in ... _____
8. _____ 名 [A2] 要約
9. _____ 名 [A1] 将来
10. hear from ... _____

Questions

次の問いに英語で答えましょう。

1. When is North University going to have an English speech contest?

_____

2. What do students have to make if they are interested in entering the contest?

_____

3. If your speech is eight minutes long, will it be accepted for the speech contest?

_____

Express Yourself

あなたはスピーチコンテストに応募します。「私の夢」という内容のスピーチの要約を書き出しに続けて，合計30語程度の英語で書いてみましょう。

My dream is to _____

_____

HINTS まず1文目にあなたがなりたいものやしたいことを簡潔に述べましょう。続けて，その理由や，夢を実現するためにこれからしたいことを書くとよいでしょう。

Helpful Expressions engineer「技術者」   flight attendant「客室乗務員」
make picture books「絵本を作る」   My dream is to ～「私の夢は～することです」
nurse「看護師」   pharmacist「薬剤師」   police officer「警察官」
programmer「プログラマー」   scientist「科学者」
start my own business「自分の事業を始める」   teacher「教師」
work as a public servant「公務員として働く」   work at a nursery「保育園で働く」

本冊 Lesson 5 の英文をもう一度読んで，次の活動に取り組みましょう。

Words and Phrases
英文中に出てきた語句・表現について，それぞれ左側の空所には英語を，右側の空所には日本語の意味を書き入れましょう。

1. be filled with ... _____

2. _____ 形 [A2] 自然の

3. _____ 图 [A2] 旅行者

4. not only A but also B _____

5. _____ 图 [A2] 美，美しさ

6. _____ 動 [A2] …を登る

7. volcano 图 [B1] _____

8. _____ 图 [A2] 森

9. various 形 [B1] _____

10. _____ 图 [A1] 活動

Questions
次の問いに英語で答えましょう。

1. How high is Mauna Kea?

_____

2. Why is Kilauea popular?

_____

3. According to the passage, what activities can people enjoy in the forests in Hawaii?

_____

Express Yourself
あなたが知っている日本の美しい自然を象徴する場所をひとつ選び，その場所の説明や，そこでできることを20語程度の英語で書いてみましょう。

場所： _____

説明： _____

_____

HINTS 富士山，屋久島，沖縄などの有名な場所，あるいはあなたの身近な地域の自然を取り上げるとよいでしょう。山であれば，写真を撮ったり，登山をしたり，ハイキングをしたりすることが考えられます。海であれば，泳いだり，シュノーケリングをしたりすることが考えられます。

Helpful Expressions be famous for ... 「…で有名である」
hike［go on a hike］「ハイキングをする」
snorkel「シュノーケリングをする」
take pictures of ... 「…の写真を撮る」

本冊 Lesson 6 の英文をもう一度読んで，次の活動に取り組みましょう。

Words and Phrases 英文中に出てきた語句・表現について，それぞれ左側の空所には英語を，右側の空所には日本語の意味を書き入れましょう。

1. find out ... _____
2. _____ 動 [A1] …に参加する
3. _____ 名 [A1] 科学
4. experiment 名 [B1] _____
5. guide 動 [B1] _____

6. _____ 名 [A1] 美術
7. take A around B _____
8. on a tour _____
9. fill in ... _____
10. application form _____

Questions 次の問いに英語で答えましょう。

1. Who will give a cooking lesson?

_____

2. What is the date for the open house day at Greentown High School?

_____

3. Will participants have to pay for the sandwiches for lunch?

_____

Express Yourself あなたはグリーンタウン高校の一般公開日に申し込みます。次の申込書の参加したい授業名にチェックを入れ，それを選んだ理由を 2 文程度の英語で書いてみましょう。

□Science Experiment　　□Omelet-Cooking Lesson　　□Japanese Art Lesson
Reason : _____

_____

HINTS 本文にあるそれぞれの授業の特徴を確認して，あなたの興味や関心とつなげて考えてみましょう。

本冊 Lesson 7 の英文をもう一度読んで，次の活動に取り組みましょう。

Words and Phrases 英文中に出てきた語句・表現について，それぞれ左側の空所には英語を，右側の空所には日本語の意味を書き入れましょう。

1. _____ 動 [A2] …を停める
2. parking lot _____
3. location 名 [B1] _____
4. _____ 名 [A1] 円
5. _____ 形 [A2] 混雑した
6. be full of ... _____
7. _____ 名 [A2] 十字形
8. opening hours _____
9. update 動 [B1] _____
10. _____ 形 [A2] 最新の

Questions 次の問いに英語で答えましょう。

1. What does the percentage marked under each circle show?

2. What time will the percentages on the map be updated next?

3. When is the first day that Parking Lot 1 will be open after it closes on May 9?

Express Yourself あなたの海外の友達が日本に来て自転車に乗ることになりました。日本で自転車に乗るときに守るべき規則を3つ挙げ，英語で書いてみましょう。

Rule 1 _____
Rule 2 _____
Rule 3 _____

HINTS 自転車に乗るときに「しなければならないこと」や「してはいけないこと」にはどのようなことがあるか考え，must [must not] ～（～しなければならない [～してはいけない]）や should [should not] ～（～すべきだ [～するべきではない]）を使って書いてみましょう。例えば，海外には右側通行の国もあるので，日本の「左側を通行しなければならない」などが考えられます。

Helpful Expressions use an umbrella「かさをさす」
keep (to the) left「左側通行する」
turn on the light「ライトをつける」

本冊 Lesson 8 の英文をもう一度読んで，次の活動に取り組みましょう。

Words and Phrases 英文中に出てきた語句・表現について，それぞれ左側の空所には英語を，右側の空所には日本語の意味を書き入れましょう。

1. be similar to ... _____
2. _____ 名 [A1] 違い
3. _____ 名 [A2] 形
4. round 形 [B1] _____
5. _____ 動 [A2] …を打つ

6. on the other hand _____
7. flat 形 [B1] _____
8. the number of ... _____
9. be familiar with ... _____
10. _____ 動 [A1] 起こる

Questions 次の問いに英語で答えましょう。

1. Is cricket popular around the world?

_____

2. What does cricket have in common with baseball?

_____

3. Where do the cricket players hit the ball?

_____

Express Yourself 野球やクリケット以外で，あなたが知っている球技をひとつ選び，その特徴を20語程度の英語で説明してみましょう。

球技名： _____

説明： _____

_____

HINTS 試合の人数や，基本的な競技の方法を考えてみましょう。例えば，サッカーでは，ひとつのチームに11人の選手がいて，相手のゴールに向けてボールを蹴ります。

Helpful Expressions kick a ball「ボールを蹴る」
opponent「試合相手」
with a racket「ラケットを使って」

本冊 Lesson 9 の英文をもう一度読んで，次の活動に取り組みましょう。

Words and Phrases 英文中に出てきた語句・表現について，それぞれ左側の空所には英語を，右側の空所には日本語の意味を書き入れましょう。

1. mosquito 图 [B1] ....
2. save A from B ....
3. serious 形 [B1] ....
4. disease 图 [B1] ....
5. suffer from ... .

6. die of ... .
7. .... 動 [A1] …を解決する
8. .... 副 [A2] 特に
9. contain 動 [B1] ....
10. .... 副 [A2] 海外で

Questions 次の問いに英語で答えましょう。

1. What is malaria called?

----

2. When did a Japanese company create a special mosquito net?

----

3. Is it popular to sleep under a mosquito net in Japan today?

Express Yourself 健康な生活を送るためにあなたが習慣にしていることを20語程度の英語で説明してみましょう。

HINTS あなたが習慣にしていることと，その習慣があなたにもたらす効果について書いてみましょう。

Helpful Expressions eat a healthy breakfast「健康的な朝食を食べる」
keep early hours「早寝早起きをする」
sleep well「よく眠る」
take exercise「運動をする」
thanks to ...「…のおかげで」

本冊 Lesson 10 の英文をもう一度読んで，次の活動に取り組みましょう。

Words and Phrases 英文中に出てきた語句・表現について，それぞれ左側の空所には英語を，右側の空所には日本語の意味を書き入れましょう。

1. .... 名 [A1] レビュー
2. .... 名 [A1] 客
3. far from ... .
4. .... 名 [A1] 空港
5. close to ... .

6. .... 名 [A2] 返答
7. be surrounded by ... .
8. .... 名 [A1] 週末
9. sunset 名 [B1] ....
10. nevertheless 副 [B1] ....

Questions 次の問いに英語で答えましょう。

1. How long did it take Julia to walk from Central Station to Starlight Hotel?

....

2. What did Wei enjoy at Cedar Hotel?

....

3. Why were Wei and his wife disappointed in the morning?

....

4. How will Cedar Hotel use Wei's comment?

....

Express Yourself あなたはあるお気に入りのハンバーガー店について，ウェブサイトにレビューを投稿しようと思います。下の表を参考にして，レビューを30語程度の英語で書いてみましょう。

店名	ロナルド・バーガー (Ronald's Burger)
場所	わかば市立博物館 (Wakaba City Museum) のすぐ近くにある。
特徴	ハンバーガーの種類が豊富である。昼食時はよく混雑する。

Ronald's Burger
Your Review ★★★★☆

....

....

HINTS 「博物館に行くときに便利だ」，「混雑することを頭に入れておくとよい」など，読む人の立場に立って工夫して書くとよいでしょう。

Helpful Expressions convenient「便利な」
keep in mind that ... 「…を頭に入れておく」 various kinds of ... 「さまざまな種類の…」

本冊 Lesson 11 の英文をもう一度読んで，次の活動に取り組みましょう。

Words and Phrases 英文中に出てきた語句・表現について，それぞれ左側の空所には英語を，右側の空所には日本語の意味を書き入れましょう。

1. _____ 動 [A2] …を探検する
2. _____ 形 [A2] さらに進んだ
3. length 名 [B1] _____
4. _____ 名 [A1] 食事
5. _____ 形 [A1] それぞれの

6. _____ 名 [A2] タイトル
7. _____ 動 [A2] …を確認する
8. _____ 動 [A1] …を加える
9. make a reservation _____
10. at least _____

Questions 次の問いに英語で答えましょう。

1. Which is the most expensive tour of the four on the list?

_____

2. What time does the Deluxe Dinner Tour end?

_____

3. Mr. Kato wants to join the Special Tour with his 11-year-old daughter.　What should he do to check the price of the tour?

_____

4. Ms. Smith wants to make a reservation for the Super Saver Tour for tomorrow.　Can she do that?

_____

Express Yourself あなたは友達といっしょにバスツアーに参加しようと思っています。下の表を参考に，旅行会社に送る問い合わせのEメールを書いてみましょう。

From:	_____
To:	Wilson Happy Travel
Subject:	An inquiry about the Special Tour
I found your San Francisco bus tours on your website. _____ _____	
I'm looking forward to your reply.　　　　　　　　　Best regards, _____	

ツアー名	Special Tour
参加希望日	8月17日（日曜日）
参加人数	自分も含めて3名
問い合わせ内容	昼食の詳細が知りたい

HINTS 左の表の内容を簡潔に伝えましょう。問い合わせ内容は最後に述べるとよいでしょう。

Helpful Expressions I'm interested in joining ... 「…に参加することに興味を持っている」
I'd like to ～ 「～したいと思っている」
two friends of mine 「私の友達2人」
Could you ～? 「～していただけませんか。」

本冊 Lesson 12 の英文をもう一度読んで，次の活動に取り組みましょう。

Words and Phrases 英文中に出てきた語句・表現について，それぞれ左側の空所には英語を，右側の空所には日本語の意味を書き入れましょう。

1. be sick in bed ....
2. hope 動 [B1] ....
3. have a party ....
4. be sure that ... .
5. cherry blossom ....

6. at one's best ....
7. .... 動 [A1] …を休む
8. have a cold ....
9. invite A to B ....
10. would love to ～ ....

Questions 次の問いに英語で答えましょう。

1. On what day of the week was Mia's birthday party held?

2. Does Akari think that Midori Park will be empty next Sunday?

3. Has Bella gotten well?

4. What will Bella take with her to the *hanami* party?

Express Yourself あかりになったつもりで，ベラに対して下の①〜③の内容を伝える返信メールを30語程度の英語で書いてみましょう。

From:	Akari Ito
To:	Bella Scott
Subject:	Re: Re: *Hanami* Party

Hi, Bella!
Thank you for your reply.

....

....

All the best,
Akari

①花見は午後１時30分に始める。
②友達のあおい（Aoi）とブライアン（Brian）も参加することになった。
③会えることを楽しみにしている。

HINTS わかりやすい表現になるように心がけましょう。
Helpful Expressions The good news is that ... 「うれしいことに…」
I'm really looking forward to ～ing 「〜することが本当に楽しみだ」

本冊 Lesson 13 の英文をもう一度読んで，次の活動に取り組みましょう。

Words and Phrases
英文中に出てきた語句・表現について，それぞれ左側の空所には英語を，右側の空所には日本語の意味を書き入れましょう。

1. recipe 图 [B2] ....
2. .... 形 [A2] 伝統的な
3. ingredient 图 [B1] ....
4. .... 图 [A2] 小麦粉
5. instruction 图 [B1] ....

6. .... 形 [A1] 水気のない
7. little by little ....
8. dissolve 動 [B1] ....
9. .... 形 [A1] …をうれしく思う
10. how to ～ ....

Questions
次の問いに英語で答えましょう。

1. Sayaka is going to start cooking *sweet mochi* at 10:30 a.m. According to the recipe, what time will she finish cooking it?

....

2. Sayaka thinks that the *mochi* flour in the bowl is too dry. What should she do?

....

3. How long should Sayaka heat the dough in the steamer?

....

4. What does Sophia want to know?

....

Express Yourself
下のあんこの作り方を書いた日本語の簡単なレシピを参考にして，英語であんこの作り方を書いてみましょう。

Anko(Sweet red bean paste)

Ingredients: 200 g *azuki* beans, 160 g sugar, a little salt

Instructions:

① ....
② ....
③ ....
④ ....
⑤ ....

あんこの作り方
① 小豆を約8時間，水に浸す
② 小豆をすすいで水を切る
③ 小豆と水を鍋に入れる
④ 小豆と水を約1時間，弱火で加熱する
⑤ 砂糖と塩を加える

HINTS レシピで作り方を書くときは，ふつう命令文で書きます。

Helpful Expressions *azuki* beans「小豆」 at low heat「弱火で」
cook「加熱する」 drain「水を切る」
rinse「すすぐ」 soak「(水に)浸す」

本冊 Lesson 14 の英文をもう一度読んで，次の活動に取り組みましょう。

Words and Phrases 英文中に出てきた語句・表現について，それぞれ左側の空所には英語を，右側の空所には日本語の意味を書き入れましょう。

1. aquarium 名 ....

2. .... 動 [A2] …を開催する

3. .... 接 [A2] ～している間に

4. .... 名 [A2] 生き物

5. except for ... .

6. shark 名 ....

7. purchase 動 [B2] ....

8. in advance ....

9. accompany 動 [B1] ....

10. guardian 名 ....

Questions 次の問いに英語で答えましょう。

1. What does the aquarium hold every weekend?

....

2. On what day of the week can people join Dr. Wilson's Talk Show?

....

3. How long can people enjoy the Halloween Party with Sharks?

....

4. If you want to become a member of Bayvale Aquarium, what should you do?

....

Express Yourself あなたがこれまで訪れたことのある水族館や動物園での経験をひとつ選び，30語程度の英語で説明してみましょう。

....

....

HINTS あなたがいつ，どこに行ったのかを書きましょう。そして，そこで経験したり思ったりしたことを，1文か2文で書くとよいでしょう。

Helpful Expressions excited / thrilled「わくわくして」
lucky「幸運な」
relaxed「リラックスして」
scared「おびえた」
surprised「驚いて」

本冊 Lesson 15 の英文をもう一度読んで，次の活動に取り組みましょう。

Words and Phrases 英文中に出てきた語句・表現について，それぞれ左側の空所には英語を，右側の空所には日本語の意味を書き入れましょう。

1. stay with ... _____ 6. arena 名 [B2] _____

2. _____ 名 [A1] 息子 7. _____ 副 [A2] 外国に

3. _____ 動 [A2] …に入学する 8. _____ 名 [A1] 問題

4. _____ 名 [A1] 娘 9. go swimming _____

5. take A to B _____ 10. sincerely 副 _____

Questions 次の問いに英語で答えましょう。

1. How long has Ryan been practicing *karate*?

_____

2. How old is Kevin's daughter?

_____

3. Where in the U.S. does Kevin live?

_____

4. Why is Takashi interested in watching a basketball game in the U.S.?

_____

Express Yourself あなたはホームステイ先のホストファミリーに，自分の好きなことや得意なことを伝えようと思っています。あなたが取り組んでいるクラブ活動や習い事について，30語程度の英語で書いてみましょう。

_____

_____

HINTS クラブ活動や習い事で，どんなことをしているのか具体的に書いてみましょう。ホームステイ先でしたいことなど，相手へのメッセージを最後に添えるとうまくまとまります。

Helpful Expressions in the ... club 「…部で」（主に文化系）
on the ... team 「…部で」（主にスポーツ系）

本冊 Lesson 16 の英文をもう一度読んで，次の活動に取り組みましょう。

Words and Phrases 英文中に出てきた語句・表現について，それぞれ左側の空所には英語を，右側の空所には日本語の意味を書き入れましょう。

1. the Middle East _____

2. _____ 名 [A2] 日程表

3. transfer 動 [B1] _____

4. check in … _____

5. _____ 動 [A2] …を含む

6. entrance fee _____

7. optional 形 [B2] _____

8. on one's own _____

9. amazing 形 [B1] _____

10. _____ 形 [A1] 高価な

Questions 次の問いに英語で答えましょう。

1. Where will travelers have dinner on the first evening of the tour?

_____

2. When will the travelers visit Burj Khalifa?

_____

3. How long can travelers enjoy the optional tour on the third day?

_____

4. Would Kazuya have preferred Arabian food to French food on the second evening of the tour?

_____

Express Yourself あなたは海外からやって来る友達を，日本の観光地に案内しようと考えています。次の空欄に英語を入れて，昼食と観光地を組み合わせた行程を伝える文を完成させましょう。

I will show you around _____ . First, let's eat _____ for lunch.

It is _____ .

Then, we will go to _____ .

It is _____ .

HINTS 名物料理を食べて，観光地に行くという行程を考えてみましょう。料理名や観光地の名前を書き入れ，それぞれの特徴を簡単に説明しましょう。

Helpful Expressions meat「肉」　noodles「麺類」
seafood「魚介類」　vegetables「野菜」
castle「城」　hot spring「温泉」
temple「寺院」　shrine「神社」　theater「劇場」

本冊 Lesson 17 の英文をもう一度読んで，次の活動に取り組みましょう。

Words and Phrases 英文中に出てきた語句・表現について，それぞれ左側の空所には英語を，
右側の空所には日本語の意味を書き入れましょう。

1. _____ 前 [A2] …の外で
2. _____ 名 [A1] 図書館
3. _____ 名 [A2] 小説
4. _____ 形 [A1] 奇妙な
5. by now _____

6. _____ 形 [A2] がっかりした
7. for a while _____
8. _____ 副 [A2] その代わりに
9. approach 動 [B2] _____
10. reply 動 [B1] _____

Questions 次の問いに英語で答えましょう。

1. Why was Sophia excited to visit a library that morning?

_____

2. What happened when Sophia was standing at the entrance of the library?

_____

3. What was the elderly woman's life story like for Sophia?

_____

4. What was in Sophia's mind when she was reading a book at home?

_____

Express Yourself あなたの家族や友人，知っている有名人の中から，いつも前向きな人を１人
選び，その人を紹介する文を30語程度の英語で書いてみましょう。

_____
_____
_____

HINTS まずその人のことを簡単に紹介しましょう。そして，その人がどういう行動をとるのか，自分にどういう効果をもたらしてくれるのか
などについて書くとよいでしょう。

Helpful Expressions delighted「喜んで」
look ...「…に見える」
optimistic「楽観的な」
positive「前向きな」
seem [appear] ...「…に思える」

本冊 Lesson 18 の英文をもう一度読んで，次の活動に取り組みましょう。

Words and Phrases 英文中に出てきた語句・表現について，それぞれ左側の空所には英語を，右側の空所には日本語の意味を書き入れましょう。

1. command 名 [B1] ....
2. so ... that ～ ....
3. fake 形 [B1] ....
4. .... 動 [A2] …のふりをする
5. even though ... .

6. tend to ～ ....
7. .... 名 [A2] 関心，注意
8. punish 動 [B1] ....
9. .... 名 [A2] 行動
10. ignore 動 [B1] ....

Questions 次の問いに英語で答えましょう。

1. What can dogs learn from their owners?

....

2. When will some dogs pretend to be sick in front of their owners?

....

3. According to the passage, why do dogs fake sickness?

....

4. Is it a good idea for owners to ignore their dogs when their dogs do not show signs of a fake sickness?

....

Express Yourself あなたの飼っているペットや，飼ってみたいと思うペットを紹介する文を，30語程度の英語で書いてみましょう。

....

....

....

HINTS 名前，性格，行動など，ペットの特徴を伝えるとよいでしょう。ペットを代名詞で表すときは，it よりも he や she が好まれます。

Helpful Expressions active「活発な」 aggressive「気が強い」
beak「くちばし」 feed「えさを与える，えさ」
gentle「優しい」 quiet「おとなしい」
tail「しっぽ」 timid「臆病な」

本冊 Lesson 19 の英文をもう一度読んで，次の活動に取り組みましょう。

Words and Phrases 英文中に出てきた語句・表現について，それぞれ左側の空所には英語を，右側の空所には日本語の意味を書き入れましょう。

1. _____ 图 [A1] 文化　　　6. waste 動 [B1] _____

2. _____ 副 [A1] いたるところに　7. decrease 動 [B1] _____

3. _____ 图 [A2] 田舎　　　8. profit 图 [B2] _____

4. more and more ... _____　9. in one's view _____

5. _____ 動 [A2] …をよく考える　10. _____ 图 [A2] 権利

Questions 次の問いに英語で答えましょう。

1. How long has Brendan been in Japan?

_____

2. What is a surprising thing for Brendan about Japanese convenience stores?

_____

3. From an environmental point of view, what do some people say about keeping stores open at night?

_____

4. From an economical point of view, what do some people say about closing stores at night?

_____

Express Yourself 次の質問について，あなたの考えとその理由を30語程度の英語で書いてみましょう。

Question: Do you think convenience stores should stop staying open for 24 hours?

_____

_____

_____

HINTS 賛成か，反対かを明確に述べましょう。そして，本文で主張された意見などを参考にして，あなたがそう考える理由を述べましょう。

Helpful Expressions in my opinion [from my point of view]「私の意見では」
it is said that ...「…と言われています」
the most important thing (for ...) is to ～「(…にとって)最も大切なことは～することです」

本冊 Lesson 20 の英文をもう一度読んで，次の活動に取り組みましょう。

Words and Phrases 英文中に出てきた語句・表現について，それぞれ左側の空所には英語を，右側の空所には日本語の意味を書き入れましょう。

1. rubber 名 [B1] _____

2. remove 動 [B1] _____

3. be afraid of ... _____

4. _____ 名 [A2] 原料，材料

5. _____ 動 [A2] …を発見する

6. spread 動 [B2] _____

7. accidentally 副 [B1] _____

8. _____ 名 [A2] 成功

9. melt 動 [B1] _____

10. thanks to ... _____

Questions 次の問いに英語で答えましょう。

1. Where was a good material for making pencils discovered in the 16th century?

_____

2. What did Edward Nairne discover in 1770?

_____

3. What was the problem with Nairne's rubber erasers under hot conditions?

_____

4. Who solved a problem with rubber erasers?

_____

Express Yourself 次の質問について，あなたの考えとその理由を30語程度の英語で書いてみましょう。

Question: Which do you prefer, wooden pencils or mechanical pencils?

_____

_____

_____

HINTS 使いやすさ，耐久性，値段，環境への影響など，さまざまな観点から，鉛筆またはシャープペンシルの特徴を考えてみましょう。

Helpful Expressions cheap「安い」
expensive「高価な」
hard to break「壊れにくい」
good for the environment「環境によい」
prefer A (to B)「(Bより)Aを好む」
refill leads「芯を補充する」
sharpen「…を削る」

本冊 Lesson 21 の英文をもう一度読んで，次の活動に取り組みましょう。

Words and Phrases 英文中に出てきた語句・表現について，それぞれ左側の空所には英語を，
右側の空所には日本語の意味を書き入れましょう。

1. _____ 图 [A2] 気温，温度   6. feel like 〜ing   _____

2. _____ 图 [A2] （温度などの）度   7. _____ 動 [A2] …を受け入れる

3. clear 動 [B1]   _____   8. invitation 图 [B1]   _____

4. harsh 形   _____   9. remind A of B   _____

5. dislike 動 [B1]   _____   10. passion 图 [B1]   _____

Questions 次の問いに英語で答えましょう。

1. How was the weather when Jason was writing his blog?

_____

2. How old was Jason when he was writing his blog?

_____

3. What did Jason's wife do soon after their marriage?

_____

4. Where has Jason been since he went skiing with his wife?

_____

Express Yourself あなたの冬の思い出をひとつ選び，30語程度の英語で説明してみましょう。

_____

_____

_____

HINTS 冬に行った旅行や身近な場所での冬にまつわる経験を思い出してみましょう。

Helpful Expressions build a snowman「雪だるまを作る」   go skating「スケートに行く」
go skiing「スキーに行く」   go snowboarding「スノーボードに行く」
go to a hot spring「温泉に行く」   have a snowball fight「雪合戦をする」

本冊 Lesson 22 の英文をもう一度読んで，次の活動に取り組みましょう。

Words and Phrases 英文中に出てきた語句・表現について，それぞれ左側の空所には英語を，右側の空所には日本語の意味を書き入れましょう。

1. official language ....
2. organization 名 [B1] ....
3. in addition to ... .
4. belong to ... .
5. similarity 名 [B1] ....

6. conquer 動 [B1] ....
7. afterward 副 [B1] ....
8. acquire 動 [B1] ....
9. relationship 名 [B1] ....
10. play an important role ....

Questions 次の問いに英語で答えましょう。

1. How many people speak French as a first or second language around the world?

....

2. What language group does French belong to?

....

3. According to the passage, what was Old French like?

....

4. According to the passage, what changed the English language?

....

Express Yourself あなたが英語以外で学んでみたい言語をひとつ選び，理由とともに30語程度の英語で説明してみましょう。

....
....

HINTS 自分の興味や関心に目を向けてみましょう。言語を学ぶことによって，人の助けになる，異文化への理解を深めるなど，あなたにとってどのような意義があるか考えてみましょう。

Helpful Expressions Arabic「アラビア語」 Chinese「中国語」
German「ドイツ語」 Korean「韓国語」
Russian「ロシア語」 Thai「タイ語」

解答・解説

Lesson 1

Words and Phrases

1. free　　2. next　　3. ～しませんか。
4. 映画を見る　　5. いいですね。　　6. role
7. wonderful　　8. actor　　9. begin　　10. 主な

Questions

1. No, she doesn't.

和訳「エマは『ニューヨークから来たピアニスト』という映画について多くのことを知っていますか。」「いいえ，多くのことを知りません。」

解説 エマの2つ目のメッセージで，I don't know much about it. と言っている。

2. He plays the role of a wonderful pianist from New York.

和訳「マーチン・ハンクスは映画の中でだれを演じていますか。」「ニューヨークから来たすばらしいピアニストの役を演じています。」

解説 自分の3つ目のメッセージで，He plays the role of a wonderful pianist from New York. とある。

3. She will go to the main entrance of Harbor Theater.

和訳「エマはあなたに会うためにどこに行きますか。」「ハーバー・シアターの中央入口に行きます。」

解説 自分の4つ目のメッセージで，Can you come to the main entrance of Harbor Theater at 1:30 p.m.? と聞いていることから，待ち合わせ場所は「ハーバー・シアターの中央入口」である。

Express Yourself

例：① buy [get]　　② Two (tickets)
　　③ Here you are.　　④ Thank you.

和訳 あなた：すみません。ここで『ニューヨークから来たピアニスト』のチケットを買うことができますか。
スタッフ：もちろんです。何枚のチケットを購入されたいですか。
あなた：2枚ください。
スタッフ：わかりました。チケットは1枚9ドルです。ですから，18ドルになります。
あなた：わかりました。どうぞ。
スタッフ：ありがとうございます。こちらがおつりです。映画を楽しんでくださいね！
あなた：ありがとう。さようなら。

Lesson 2

Words and Phrases

1. really　　2. always　　3. favorite
4. 紙の本　　5. opinion　　6. …に賛成する
7. 何百もの…　　8. ～することができる
9. …と言われている　　10. 長時間

Questions

1. He likes e-books better.

和訳「ティムは電子書籍と紙の本のどちらが好きですか。」「電子書籍のほうが好きです。」

解説 ティムが最初に E-books are really nice! と言っている。その後のティムの投稿も，電子書籍を支持する内容になっている。

2. No, it isn't.

和訳「電子書籍について，クロエの意見はティムの意見と大きく異なっていますか。」「いいえ，大きく異なっていません。」

解説 クロエはティムに対して，I agree with you. と言った上で，電子書籍を支持する内容を述べている。質問文では Tim's (opinion) about ... と opinion が省略されている。

3. Because he can take notes on the pages.

和訳「なぜ貴は電子書籍よりも紙の本が好きなのですか。」「ページにメモを取ることができるからです。」

解説 貴の I like printed books better because it is said that we can't take notes on the pages in e-books. という発言の because 以下に注目する。Because he doesn't like looking at a display for a long time.「画面を長時間見ることが好きではないからです。」と答えてもよい。

Express Yourself

例：In my opinion, printed books are better than e-books because I can read them without batteries.

和訳 私の意見では，電池なしで読むことができるので，電子書籍より紙の本のほうがよいです。

Lesson 3

Words and Phrases

1. ～する予定だ　　2. sale　　3. fresh
4. special　　5. price　　6. ～することを忘れる
7. 無料で　　8. during　　9. information
10. visit

Questions

1. It is "Simon's Sandwich Shop."

和訳「店の名前は何ですか。」「『サイモンズ・サンドイッチショップ』です。」

解説 最初の文にある Simon's Sandwich Shop が店の名前である。

2. It will end on Thursday, June 1.

和訳「セールはいつ終わりますか。」「6月1日木曜日に終わります。」

解説 第2段落に From Friday, May 26, to Thursday, June 1, ... と書かれている。日や曜日は on を使って表す。

3. Yes, they will.

和訳 「ドリンクはセールになりますか。」「はい、セールになります。」

解説 第2段落最後に All drinks will be 10% off. とある。

Express Yourself

例：If you buy three packages of sandwiches, you will get one more for free. Also, all drinks will be 10% off.

和訳 サンドイッチを3パック買うと、もう1パックを無料でもらえます。また、ドリンクはすべて10パーセントの割引になります。

Lesson 4

Words and Phrases

1. newspaper　　2. …のうちのひとつ
3. university　　4. contest　　5. …を探す
6. ～したい　　7. …に興味がある　　8. summary
9. future　　10. …から連絡をもらう

Questions

1. It is [They are] going to have it on October 27.

和訳 「北大学はいつスピーチコンテストを開催する予定ですか。」「10月27日に開催する予定です。」

解説 最初の文に、North University is going to have an English speech contest ... on October 27. とある。

2. They have to make a short summary of their speech (in about 30 words).

和訳 「もしコンテストに参加することに興味があるならば、生徒たちは何を作らなければなりませんか。」「(30語程度で)スピーチの短い要約を作らなければなりません。」

解説 3文目に、... please make a short summary of your speech in about 30 words ... とある。

3. No, it will not.

和訳 「もしあなたのスピーチが8分の長さであれば、それはコンテストで受け入れてもらえますか。」「いいえ、受け入れてもらえません。」

解説 Your speech should be no longer than five minutes. から、8分という長さは受け入れてもらえないと判断する。

Express Yourself

例：My dream is to become a scientist like Dr. Shinya Yamanaka. I think it is meaningful to create something new to help people. (23語)

和訳 私の夢は山中伸弥博士のような科学者になることです。人々を助けるために新しいものを創作することは意味のあることだと思います。

Lesson 5

Words and Phrases

1. …でいっぱいである　　2. natural　　3. tourist
4. AだけでなくBも　　5. beauty　　6. climb
7. 火山　　8. forest　　9. さまざまな
10. activity

Questions

1. It is about 4,200 meters high.

和訳 「マウナ・ケアはどれくらいの高さですか。」「それは約4,200メートルの高さです。」

解説 4文目に Mauna Kea is about 4,200 meters high. とある。

2. Because people can see an active volcano.

和訳 「なぜキラウエアは人気があるのですか。」「人々が活火山を見ることができるからです。」

解説 7文目に Kilauea is also popular because people can see an active volcano. とある。Why ...? でたずねられているので Because ... で答える。

3. They can enjoy hiking and bird-watching.

和訳 「文章によると、ハワイの森林で人々は何のアクティビティを楽しむことができるのですか。」「ハイキングやバードウォッチングを楽しめます。」

解説 最終文に、Tourists can enjoy various activities such as hiking and bird-watching. とある。

Express Yourself

例：Mt. Fuji / Mt. Fuji is the highest mountain in Japan. It is so beautiful that a lot of people take pictures of it. (21語)

和訳 富士山／富士山は日本で最も高い山です。それはとても美しいので、多くの人々がその写真を撮ります。

Lesson 6

Words and Phrases

1. …を知る　　2. join　　3. science　　4. 実験
5. …を指導する　　6. art　　7. AにBを案内する
8. ツアーで　　9. …に記入する　　10. 申込書

Questions

1. Ms. Lee and the students from the cooking club will.

和訳 「だれが調理の授業をしますか。」「リー先生と調理部の生徒がします。」

解説 4行目に ... an omelet-cooking lesson by Ms. Lee and the students from the cooking club とある。

2. It is Saturday, September 2.

和訳 「グリーンタウン高校での一般公開日の日付はいつですか。」「9月2日の土曜日です。」

解説 8行目にある日付を It is ... で始めて答える。

3. No, they will not.

和訳 「参加者は昼食のサンドイッチに対してお金を支払わなければなりませんか。」「いいえ，支払う必要はありません。」

解説 11行目に，You can have some sandwiches and a soft drink for free at lunchtime. とあることから，お金の支払いは不要だとわかる。

Express Yourself

例：Science Experiment / Science is one of my favorite subjects. I'm very interested in the experiments with lemons and water.

別解1：Omelet-Cooking Lesson / I love cooking. I want to enjoy cooking with the students from the cooking club.

別解2：Japanese Art Lesson / I have some friends overseas. I want to introduce Japanese culture to them.

和訳 科学の実験／科学は私の大好きな科目のひとつです。私はレモンと水を使った実験にとても興味があります。

別解1：オムレツの調理の授業／私は料理が大好きです。調理部の生徒たちといっしょに料理を楽しみたいと思います。

別解2：日本美術の授業／私は海外に友達が何人かいます。私は彼らに日本文化を紹介したいです。

Lesson 7

Words and Phrases

1. park　　2. 駐輪場, 駐車場　　3. 位置
4. circle　5. crowded　6. …でいっぱいである
7. cross　8. 営業時間　9. …を更新する
10. latest

Questions

1. It shows how crowded the parking lot is.

和訳 「それぞれの円の下に示されているパーセントは何を示していますか。」「それはその駐輪場がどれくらい混雑しているかを示しています。」

解説 第1段落3文目に，The percentage shown under each circle shows how crowded the parking lot is. とある。

2. They will be updated at 1:30 p.m.

和訳 「パーセントは次に何時に更新されますか。」「それらは午後1時30分に更新されます。」

解説 第2段落2文目に，The percentage is updated every thirty minutes. とある。地図によると，現在の表示は午後1時に更新されたものなので，次の更新は午後1時30分である。

3. It is May 19.

和訳 「5月9日に閉鎖された後に第1駐輪場が開く最初の日はいつですか。」「5月19日です。」

解説 地図の下にある Note に，Parking Lot 1 will be closed for 10 days, beginning May 9. とある。10日間閉鎖するので，閉鎖後に開くのは5月19日である。

Express Yourself

例：You must keep to the left on the road. / You have to turn on your light after it gets dark. / You should not use an umbrella when you are riding on your bicycle.

和訳 道路では左側を通行しなければならない。／暗くなったらライトをつけなければならない。／自転車に乗っている間はかさをさすべきではない。

Lesson 8

Words and Phrases

1. …に似ている　2. difference　3. shape
4. 丸い　5. hit　6. 一方で　7. 平らな
8. …の数　9. …をよく知っている　10. happen

Questions

1. Yes, it is.

和訳 「クリケットは世界中で有名ですか。」「はい，有名です。」

解説 1文目に，Cricket is one of the most popular sports around the world. とある。

2. There are two teams in one game, and the players use bats and balls.

和訳 「クリケットは野球と何が共通していますか。」「ひとつの試合に2チームあり，選手がバットとボールを使います。」

解説 2文目に，..., so some people believe it is similar to baseball. とあるので，直前の，there are two teams in one game, and the players use bats and balls が共通点である。

3. They hit it in the center of the field.

和訳 「クリケットの選手はどこでボールを打ちますか。」「競技場の中央で打ちます。」

解説 10文目に，... you will be surprised when you see a cricket player hit the ball in the center of the field. とある。

Express Yourself

例：Soccer / In soccer, there are eleven players on one team. They kick a ball into the opponent's goal during the game. （20語）

和訳 サッカー／サッカーでは，1チームに11人います。試合中に彼らは相手のゴールに向けてボールを蹴り込みます。

Lesson 9

Words and Phrases

1. 蚊　2. AをBから救う　3. 重大な　4. 病気
5. …に苦しむ　6. …で死ぬ　7. solve
8. especially　9. …を含む　10. overseas

Questions

1. It is called the "devil's disease."

和訳「マラリアは何と呼ばれていますか。」「それは『悪魔の病気』と呼ばれています。」

解説 第1段落2文目に，Millions of people around the world suffer from this "devil's disease." とある。この devil's disease は直前の文の malaria を言いかえた表現である。

2. It [They] created it in 1994.

和訳「日本の企業はいつ特別な蚊帳を開発しましたか。」「1994年にそれを開発しました。」

解説 第2段落2文目に，The company created a special mosquito net in 1994. とある。企業や組織は they で受けてもよい。

3. No, it isn't.

和訳「今日，日本で蚊帳の中で寝ることは一般的ですか。」「いいえ，一般的ではありません。」

解説 最終段落によると，蚊よけの網はかつては日本で一般的だったが，2文目に It is no longer popular in Japan,... とある。

Express Yourself

例：I eat a healthy breakfast with my family every day.　Thanks to this, I can concentrate on studying in the morning.　（21語）

和訳 私は毎日家族といっしょに健康的な朝食を食べています。このおかげで，私は午前中，勉強に集中することができます。

Lesson 10

Words and Phrases

1. review　2. guest　3. …から遠い
4. airport　5. …に近い　6. response
7. …に囲まれている　8. weekend　9. 日没
10. それでも，それにもかかわらず

Questions

1. It took her (only) three minutes.

和訳「セントラル駅からスターライト・ホテルまで歩くのに，ジュリアはどれくらいの時間がかかりましたか。」「彼女は3分かかりました［3分しかかかりませんでした］。」

解説 ジュリアの投稿に，It was only a three-minute walk from it! とある。

2. He enjoyed a beautiful sunset in the mountains.

和訳「ウェイはシダー・ホテルで何を楽しみましたか。」「彼は山々へ沈む美しい日没を楽しみました。」

解説 ウェイの投稿に，... we enjoyed a beautiful sunset in the mountains. とある。

3. Because the restaurant was crowded.

和訳「なぜウェイと妻は朝に残念に思いましたか。」「レストランが混雑していたからです。」

解説 ウェイの投稿に，..., we were disappointed that the restaurant was crowded in the morning. とある。

4. They [It] will use it to make their [its] service better.

和訳「シダー・ホテルはウェイのコメントをどのように使いますか。」「ホテルのサービスをよくするために使います。」

解説 シダー・ホテルからの返信に，Your comment will help us to make our service better. とある。

Express Yourself

例：If you visit Wakaba City Museum, this restaurant will be very convenient for you. I'm sure you'll like the various kinds of hamburgers there.　Please keep in mind that it is often crowded at lunch time.　（36語）

和訳 もしあなたがわかば市立博物館に行くならば，このレストランはとても便利でしょう。あなたはきっと，そこのさまざまな種類のハンバーガーを気に入るでしょう。昼食時はよく混雑することを頭に入れておいてください。

Lesson 11

Words and Phrases

1. explore　2. further　3. 長さ　4. meal
5. each　6. title　7. check　8. add
9. 予約をする　10. 少なくとも

Questions

1. The Museum Tour is.

和訳「表の4つの中で最も料金が高いツアーはどれですか。」「ミュージアム・ツアーです。」

解説 表にある Price の欄を見ると，最も料金が高いものは，70ドルの Museum Tour である。

2. It ends at 9:30 p.m.

和訳「デラックス・ディナー・ツアーは何時に終わりますか。」「午後9時30分に終わります。」

解説 表によると，Deluxe Dinner Tour の出発時刻は午後5時30分で，ツアー時間は4時間である。よって，ツアーが終わるのは午後9時30分である。

3. He should click the price of the Special Tour.

和訳「加藤さんは11歳の娘といっしょにスペシャル・ツアーに参加したいと思います。ツアー料金を確認するために，彼は何をすべきですか。」「スペシャル・ツアーの料金をクリックすべきです。」

解説 表の下の説明に，Click each price to check

the prices for children under 12 years old. とある。He should click "$50." としてもよい。

4. No, she cannot.

和訳 「スミスさんは明日のスーパー・セイバー・ツアーを予約したいと思っています。彼女はそれをできますか。」「いいえ，できません。」

解説 表の下の説明に，Please make your reservation by email at least two days before the tour date. とある。よって，明日のツアーは予約できない。

Express Yourself

例：I'm interested in joining the Special Tour on Sunday, August 17. I'd like to join it with two friends of mine. Could you let me know more details about the lunch? （31語）

和訳 8月17日の日曜日にスペシャル・ツアーに参加することに興味を持っています。友達2人といっしょに参加したいと思っています。昼食についての詳細を知らせていただけませんか。

Lesson 12

Words and Phrases

1. 病気で寝込んでいる　　2. …を願う
3. パーティーを開く　　4. …だと確信する
5. 桜の花　6. 最高の状態で　7. miss
8. かぜをひいている　　9. AをBに誘う
10. ぜひ～したい

Questions

1. It was held on Sunday.

和訳 「ミアの誕生日パーティーは何曜日に開かれましたか。」「日曜日に開かれました。」

解説 1通目のメールに，... you couldn't come to Mia's birthday party yesterday. とある。メールは月曜日に送られているので，パーティーが開かれたのは前日の日曜日である。

2. No, she doesn't.

和訳 「あかりは次の日曜日にみどり公園がすいていると思っていますか。」「いいえ，思っていません。」

解説 あかりは It's going to be crowded, though. と書いている。empty は「すいている」という意味。

3. Yes, she has.

和訳 「ベラは元気になっていますか。」「はい，元気になっています。」

解説 ベラは I had a bad cold, but I'm fine now. と書いている。get well は「（病気が）よくなる」。

4. She will take some fruits（and a birthday present for Mia）.

和訳 「ベラは花見に何を持って行きますか。」「果物（とミアへの誕生日プレゼント）を持って行きます。」

解説 2通目のメールに，ベラは I'll bring some

fruits for you. と書いている。ミアへの誕生日プレゼントを加えてもよい。

Express Yourself

例：We are going to start the party at 1:30 p.m. The good news is that Aoi and Brian will also join us. I'm really looking forward to seeing you there! （30語）

和訳 花見は午後1時30分に始めるつもりよ。うれしいことに，あおいとブライアンも参加することになったよ。あなたにそこで会えることを本当に楽しみにしているわ。

Lesson 13

Words and Phrases

1. レシピ　　2. traditional　　3. 材料　　4. flour
5. 説明，作り方　　6. dry　　7. 少しずつ
8. …を溶かす　　9. glad　　10. ～のし方

Questions

1. She will finish cooking it at 11:20 a.m.

和訳 「さやかは午前10時30分にもち菓子を作り始める予定です。レシピによると，彼女は何時にそれを作り終えるでしょうか。」「彼女は午前11時20分にそれを作り終えます。」

解説 Ready in 50 minutes. から導き出す。

2. She should add more water.

和訳 「さやかは，ボウルのもち粉の水気が少なすぎると思っています。彼女は何をすべきですか。」「さらに水を加えるべきです。」

解説 作り方の最初の工程で，Add more water if it is too dry. とある。

3. She should heat it for 30 minutes.

和訳 「さやかは生地を蒸し器でどれくらい温めるべきですか。」「彼女はそれを30分間温めるべきです。」

解説 2番目の工程で，Heat the dough in a steamer for 30 minutes. とある。

4. She wants to know how to make *anko*.

和訳 「ソフィアは何を知りたいですか。」「彼女はあんこの作り方を知りたいです。」

解説 ソフィアはレシピについてのレビューで，I'll be glad if you could show us how to make *anko*. と言っている。

Express Yourself

例：① Soak the *azuki* beans in water for about 8 hours. ② Rinse and drain the *azuki* beans. ③ Put the *azuki* beans and water into a pot. ④ Cook the *azuki* beans at low heat for about 1 hour. ⑤ Add the sugar and salt.

Lesson 14

Words and Phrases

1. 水族館　　2. hold　　3. while　　4. creature
5. …を除いて　　6. サメ　　7. …を購入する
8. 事前に　　9. …に同行する　　10. 保護者

Questions

1. It holds special events everyone will enjoy.
和訳 「水族館は毎週末何を開催していますか。」「全員が楽しめる特別な催しを開催しています。」
解説 冒頭 2 文目に，Every weekend, we hold special events everyone will enjoy. とある。
2. They can join it on Sunday(s).
和訳 「人々は何曜日にウィルソン博士のトークショーに参加することができますか。」「日曜日に参加することができます。」
解説 表によると，Dr. Wilson's Talk Show の開催曜日は Every Sunday とある。on Sunday(s) の代わりに，every Sunday としてもよい。
3. They can enjoy it for two hours.
和訳 「人々はサメといっしょのハロウィンパーティーをどれくらいの間楽しむことができますか。」「2 時間楽しむことができます。」
解説 表によると，このパーティーの開催時間は午後 7 時から 9 時までとあるので，開催時間は 2 時間。
4. You should check their [its] website.
和訳 「もしあなたがベイヴェール水族館の会員になりたいならば，何をするべきですか。」「水族館のウェブサイトを確認するべきです。」
解説 下部の説明に，If you are interested in a membership, please check our website. とある。

Express Yourself

例：My parents took me to Fuji Safari Park ten years ago.　We took a bus and saw a lot of lions and tigers.　I began to cry because I was very scared!　(32語)
和訳 両親が10年前に私を富士サファリパークに連れて行ってくれました。私たちはバスに乗って，ライオンやトラをたくさん見ました。私はとても怖かったので，泣き出してしまいました！

Lesson 15

Words and Phrases

1. …の家に滞在する　　2. son　　3. enter
4. daughter　　5. A を B に連れて行く
6. アリーナ　　7. abroad　　8. problem
9. 泳ぎに行く　　10. 心を込めて，敬具

Questions

1. He has [He's] been practicing it for ten years.
和訳 「ライアンはどれくらいの期間，空手を練習していますか。」「10年間練習しています。」
解説 Ryan について，He's been practicing *karate* for ten years. とある。

2. She is (only) eight years old.
和訳 「ケビンの娘は何歳ですか。」「(まだ) 8 歳です。」
解説 Olivia について，She is only eight years old. とある。
3. He lives in Florida.
和訳 「ケビンはアメリカのどこに住んでいますか。」「フロリダに住んでいます。」
解説 ケビンは We're looking forward to seeing you here in Florida. と書いている。Where in the U.S. は「アメリカのどこに」という意味。
4. Because he is on the basketball team in his school.
和訳 「隆志はなぜアメリカでバスケットボールの試合を見ることに興味があるのですか。」「学校でバスケットボールチームに入っているからです。」
解説 隆志は，I'm on the basketball team in my school, so I'm very interested in watching a basketball game in the U.S.! と書いている。

Express Yourself

例：I've been practicing the piano since I was four years old.　I love playing popular Japanese songs.　I'd like you to listen to my playing during my stay with you.　(30語)
和訳 私は 4 歳のときからピアノを練習しています。私は日本のポピュラーソングを演奏するのが大好きです。滞在中に私の演奏を聞いてほしいです。

Lesson 16

Words and Phrases

1. 中東　　2. schedule　　3. 移動する
4. …にチェックインする　　5. include
6. 入場料　　7. 自分で選べる，任意の
8. 自分自身で　　9. すばらしい　　10. expensive

Questions

1. They will have it at the restaurant in the hotel.
和訳 「旅行客はツアーの最初の夜にどこで夕食を食べますか。」「ホテル内のレストランで食べます。」
解説 日程表の 1 日目に，... have an Arabian dinner at the restaurant in the hotel. とある。
2. They will visit it on the second day of the tour.
和訳 「旅行客はいつブルジュ・ハリファを訪れますか。」「ツアーの 2 日目に訪れます。」
解説 Burj Khalifa への入場料は旅程表の 2 日目の，the Dubai City Tour に含まれているとある。
3. They can enjoy it for six hours.
和訳 「旅行客は 3 日目のオプショナルツアーをどれくらいの長さ楽しむことができますか。」「それを 6 時間楽しむことができます。」
解説 旅程表の 3 日目の You can join the optional Evening Desert Tour starting at 3 p.m. と，

The tour ends at 9 p.m. より，オプショナルツアーの時間は 6 時間であることがわかる。

4. Yes, he would.

和訳「和也はツアーの 2 日目の夜に，フランス料理よりアラブ料理のほうを好みましたか。」「はい，好みました。」

解説 和也はレビュー欄に，... I wanted to have an Arabian dinner again on the second evening. と書いている。

Express Yourself

例：I will show you around Hiroshima.　First, let's eat *okonomiyaki* for lunch.　It is a Japanese pancake with meat and vegetables.　Then, we will go to Miyajima.　It is a small island with a beautiful shrine called Itsukushima Shrine.

和訳 広島を案内してあげましょう。最初に昼食にお好み焼きを食べましょう。お好み焼きは肉と野菜がのった日本風のパンケーキです。それから宮島に行きましょう。宮島は厳島神社と呼ばれる美しい神社がある小さな島です。

Lesson 17

Words and Phrases

1. outside　2. library　3. novel　4. strange
5. 今ごろはもう　6. disappointed　7. しばらく
8. instead　9. …に近づく　10. 答える

Questions

1. Because she was going to borrow a new novel written by her favorite writer, Michael Orwell.

和訳「その朝，なぜソフィアは図書館を訪れるのを心待ちにしていたのですか。」「彼女のお気に入りの作家であるマイケル・オーウェルが書いた新しい小説を借りようとしていたからです。」

解説 第 1 段落 1 文目に，... because I was going to borrow a new novel written by my favorite writer, Michael Orwell. とある。

2. An elderly woman approached the library.

和訳「ソフィアが図書館の入口に立っていたとき，何が起きましたか。」「年配の女性が図書館に近づいてきました。」

解説 第 2 段落 3 文目に，Then, I saw an elderly woman approaching the library. とある。

3. It was like an exciting novel.

和訳「ソフィアにとって，その年配の女性の人生の話はどのようなものでしたか。」「それはわくわくする小説のようでした。」

解説 第 2 段落でソフィアは女性の話を聞いて，Her life story was like an exciting novel. と書いている。What is ... like? は「…はどのような

ものですか」という意味。

4. The woman's happy smile was.

和訳「ソフィアが家で本を読んでいたとき，彼女の心の中に何が浮かびましたか。」「女性のうれしそうな笑顔です。」

解説 最終文に，While reading it, I remembered the woman's happy smile. とある。

Express Yourself

例：My best friend, Sayaka, always looks happy. I often see her talking with people with a big smile.　I like her smile very much because it makes me feel positive.　(30語)

和訳 私の親友であるさやかはいつもうれしそうに見えます。彼女が大きな笑顔で人と話しているところを私はよく見ます。彼女の笑顔は私を前向きにしてくれるので大好きです。

Lesson 18

Words and Phrases

1. 命令　2. とても…なので〜　3. にせの
4. pretend　5. …にもかかわらず
6. 〜する傾向がある　7. attention
8. …を罰する　9. behavior　10. …を無視する

Questions

1. They can learn many kinds of tricks and commands.

和訳「犬は飼い主から何を習得することができますか。」「たくさんの種類の芸や命令を習得することができます。」

解説 第 1 段落 2 文目に，They can learn many kinds of tricks and commands from their owners. とある。

2. They will do so when they feel lonely.

和訳「一部の犬はいつ飼い主の前で病気のふりをしますか。」「さみしく感じるとそうします。」

解説 第 2 段落 3 文目に，When they feel lonely, some dogs will pretend to be sick in front of their owners. とある。

3. Because they want to get attention from their owners.

和訳「文章によると，犬はなぜ病気のふりをするのですか。」「飼い主からの関心を引きたいからです。」

解説 第 2 段落最終文に，... they fake sickness because they want to get attention from their owners とある。

4. No, it is not.

和訳「仮病の症状を示していないときに飼い主が飼い犬を無視するのはよい考えですか。」「いいえ，よい考えではありません。」

解説 本文最終文に，Owners should ... give dogs

a lot of love and attention when they do not show the signs of a fake sickness. とある。仮病の症状を示す犬を無視すべきというのが本文の内容。

Express Yourself

例：My cat Sora is quiet. He often looks up at the sky, which is called "sora" in Japanese. When I feed him, he looks happy with his tail pointing at the sky. （32語）

和訳 私のネコのそらはおとなしい性格です。彼はよく日本語でいう「空」を見上げます。えさをやると，彼はしっぽを空に向けて，うれしそうにします。

Lesson 19

Words and Phrases

1. culture　　2. everywhere　　3. countryside
4. ますます多くの…　　5. consider
6. …を浪費する　　7. …を減らす　　8. 利益
9. …の意見では　　10. right

Questions

1. He has been there for three years.

和訳「ブレンダンはどれくらい日本にいますか。」「3年間そこにいます。」

解説 ブレンダンは第1段落で，I've been here in Japan for three years … と書いている。

2. It is that most of them open for 24 hours.

和訳「ブレンダンにとって，日本のコンビニエンスストアに関して驚くべきことは何ですか。」「そのほとんどが24時間営業しているということです。」

解説 第1段落6文目に，Surprisingly, most of them open for 24 hours! とある。

3. They say that it wastes energy, such as electricity.

和訳「環境の観点から，夜に店を開店し続けることについてある人々は何と言っていますか。」「そのことが電気などのエネルギーを浪費すると言っています。」

解説 第2段落5文目に，They also say that opening stores at night wastes energy, such as electricity. とある。point of view は「観点」。

4. They say that it will decrease their profits.

和訳「経済的な観点から，夜に店を閉めることについてある人々は何と言っていますか。」「そのことが店の利益を減らしてしまうと言っています。」

解説 第2段落最終文に，Also, they say that closing stores at night will decrease their profits. とある。

Express Yourself

例：Yes, I think convenience stores should stop staying open for 24 hours. In my opinion, the most important thing for owners is to take care of their workers' health. （29語）

別解：No, I don't believe convenience stores should stop staying open for 24 hours. It is said that bright lighting at convenience stores plays an important role in preventing crime at night. （31語）

和訳 はい。私はコンビニエンスストストアは24時間開店し続けることをやめるべきだと思います。私の意見では，店主にとって最も大切なことは働き手の健康を気づかうことです。

別解：いいえ。私はコンビニエンスストストアは24時間開店し続けることをやめるべきだとは思いません。コンビニエンスストストアの明るい照明は，夜の犯罪を防ぐのに重要な役割を果たしていると言われています。

Lesson 20

Words and Phrases

1. ゴム　　2. …を消す，…を除去する
3. …を恐れる　　4. material　　5. discover
6. 広がる　　7. 偶然に　　8. success　　9. 溶ける
10. …のおかげで

Questions

1. It was discovered in England.

和訳「鉛筆を作るために適した原料は16世紀にどこで発見されましたか。」「それはイングランドで発見されました。」

解説 第2段落1文目に，In the middle of the 16th century, a good-quality material for pencils was discovered in England. とある。

2. He discovered that rubber can erase pencil marks.

和訳「1770年にエドワード・ネアンは何を発見しましたか。」「ゴムが鉛筆の跡を消すことができることを発見しました。」

解説 第2段落4文目に，In 1770, Edward Nairne, … discovered that rubber can erase pencil marks. とある。

3. It was that they melted easily and smelled bad.

和訳「暑い状況でのネアンのゴム製の消しゴムの問題は何でしたか。」「それは簡単に溶けてしまい，異臭がしたということです。」

解説 第2段落最終文に，Also, they melted easily and smelled bad when it was hot. とある。

4. (An American inventor named) Charles Goodyear did.

和訳「ゴム製の消しゴムの問題をだれが解決しましたか。」「チャールズ・グッドイヤー(という名前のアメリカの発明家)が解決しました。」

解説 第3段落1文目の, ... an American inventor named Charles Goodyear invented a way to make rubber last longer. から読み取れる。

Express Yourself

例：I prefer wooden pencils because they are not so expensive. I can buy many wooden pencils at a time. Also, I believe they are better for the environment. (28語)

別解：I prefer mechanical pencils to wooden pencils. They are useful because they can be used for a long time. All I have to do is to refill the leads. (29語)

和訳 それほど値段が高くないので, 私は鉛筆を好みます。一度に多くの鉛筆を買うことができるのです。また, 鉛筆のほうが環境によいと思います。

別解：私は鉛筆よりシャープペンシルのほうが好きです。シャープペンシルは長く使えるので便利です。芯を補充するだけで済むのです。

Lesson 21

Words and Phrases

1. temperature　　2. degree　　3. …を片付ける
4. 過酷な　　5. …を嫌う　　6. ～したい気がする
7. accept　　8. 誘い, 招待
9. AにBを思い出させる　　10. 情熱

Questions

1. It was snowing a lot.
和訳 「ジェイソンがブログを書いていたとき, どんな天気でしたか。」「たくさん雪が降っていました。」
解説 第1段落5文目に, It's snowing a lot. とある。
2. He was 35 years old.
和訳 「ブログを書いていたとき, ジェイソンは何歳でしたか。」「35歳でした。」
解説 第2段落1文目に, I've been living in Montreal for 35 years, which is all my life. とある。
3. She asked him to go skiing with her.
和訳 「ジェイソンの妻は, 結婚後すぐに何をしましたか。」「彼にいっしょにスキーに行こうと誘いました。」
解説 第3段落1文目に, Soon after I got married five years ago, my wife asked me to go skiing with her. とある。
4. He has been to dozens of ski courses around Canada.
和訳 「妻といっしょにスキーに行ってから, ジェイソンはどこに行きましたか。」「カナダ中の何十ものスキー場に行きました。」
解説 第3段落最終文に, Since then, I've been to dozens of ski courses around Canada. とある。

Express Yourself

例：Last winter, I went hiking in Nikko with my family. We wore snowshoes and walked around the forests in the snow.   I was surprised to see a frozen waterfall there. (30語)

和訳 去年の冬, 私は家族といっしょに日光へハイキングに行きました。私たちはスノーシューを履いて, 雪の森を歩きました。そこで大きな氷瀑を見て, 私は驚きました。

Lesson 22

Words and Phrases

1. 公用語　　2. 機関, 組織　　3. …に加えて
4. …に属する　　5. 類似点　　6. …を征服する
7. その後　　8. …を得る　　9. 関係
10. 重要な役割を果たす

Questions

1. More than 200 million people do.
和訳 「世界中で何人の人々が, 第一言語, または第二言語としてフランス語を話していますか。」「2億人以上の人々が話しています。」
解説 第1段落3文目に, More than 200 million people speak it as a first or second language around the world. とある。
2. It belongs to the Romance group of languages.
和訳 「フランス語はどの言語群に属していますか。」「ロマンス語群に属しています。」
解説 第2段落3文目に, French is a member of the Romance group of languages. とある。
3. It was similar to [like] Latin.
和訳 「文章によると, 古フランス語はどのようなものでしたか。」「それはラテン語に似ていました。」
解説 第3段落1文目に, ..., people in northern France started to use Old French, which was similar to Latin. とある。
4. The Norman Conquest did.
和訳 「文章によると, 何が英語を変化させましたか。」「ノルマン・コンクエストが変化させました。」
解説 第3段落4文目に, It changed the English language. とあり, この It はその前の文の the Norman Conquest を指す。

Express Yourself

例：I would like to learn Chinese.   These days, I see a lot of Chinese people living in my town. I want to communicate with them and know more about Chinese culture. (31語)

和訳 私は中国語を学びたいと思っています。最近, 私の町にたくさんの中国人が住んでいるのを見かけます。彼らとコミュニケーションを取り, 中国の文化についてもっと知りたいです。